BEI GRIN MACHT SICH IHR WISSEN BEZAHLT

Bewegungstraining und Koordination einer Studentin

GRIN

Bibliografische Information der Deutschen Nationalbibliothek:

Die Deutsche Nationalbibliothek verzeichnet diese Publikation in der Deutschen Nationalbibliografie; detaillierte bibliografische Daten sind im Internet über http://dnb.d-nb.de abrufbar.

ISBN: 9783346351043
Dieses Buch ist auch als E-Book erhältlich.

Druck und Bindung: Books on Demand GmbH, Norderstedt Germany
Gedruckt auf säurefreiem Papier aus verantwortungsvollen Quellen

Das vorliegende Werk wurde sorgfältig erarbeitet. Dennoch übernehmen Autoren und Verlag für die Richtigkeit von Angaben, Hinweisen, Links und Ratschlägen sowie eventuelle Druckfehler keine Haftung.

Das Buch bei GRIN: https://www.grin.com/document/988756

Inhaltsverzeichnis

Personendaten

Tab. 1: Allgemeine Daten zur Person

Alter	23 Jahre
Geschlecht	Weiblich
Körpergröße	175cm
Körpergewicht	63kg
Trainingsmotive	Verbesserung der Beweglichkeit und Koordination
Berufliche Tätigkeit	Studentin (überwiegend sitzend)
Aktuelle und frühere sportliche Aktivitäten	Frühere sportliche Aktivitäten: zweimal die Woche Tennis für je 90min Aktuelle sportliche Aktivitäten: dreimal Krafttraining in der Woche für je 60min; Zweimal Ausdauertraining in der Woche für je 30-40min
Zeitlicher Verfügungsrahmen	Zwei- bis dreimal pro Woche für 30min
Allgemeiner Gesundheitszustand	Keine orthopädischen und internistischen Probleme sowie keine ärztlichen Behandlungen und Einnahme von Medikamenten
Sonstige gesundheitliche Einschränkungen	Es sind keine gesundheitlichen Einschränkungen bekannt

Bei der befragten Person handelt es sich um eine 23 jährige Frau, dessen Gesundheitszustand in einem guten Bereich ist. Es liegen weder orthopädische noch internistische Erkrankungen vor. Aufgrund des guten Gesundheitszustandes und der gut ausgeprägten Fitness der Person wird von einer guten Belastbarkeit bzw. Trainierbarkeit ausgegangen.

1 Beweglichkeitstestung

Die Beweglichkeitstestung über den oben beschriebenen Klienten erfolgt über den manuellen Beweglichkeitstest nach Janda (2000). Der Test erfolgt über die maximale Gelenkamplitude. Die maximale Auslastung des Gelenks wird über die Schmerztoleranz des Klienten erfasst. Da die Schmerztoleranz bei jedem unterschiedlich definiert ist, ist der Beweglichkeitstest keine objektive Testung sondern eine semi-objektive Testung. Bei dem Testverfahren werden Muskelschwächen, als auch Beweglichkeitsdefizite festgestellt. Ziel ist es die Defizite zu diagnostizieren und diese durch adäquate Übungen zu modifizieren. Wichtig bei den Testungen ist die Fixierung des Beckens und der Wirbelsäule, um ein abheben des Beckens und eine Hyperlordose zu vermeiden. Sollte dies geschehen, verliert der Test an Wirkung. Im Folgenden wird jede Testübung detailliert beschrieben.

Tab. 2: Manuelle Beweglichkeitstestung nach Janda (2000, S. 255-271)

Getestete Muskulatur	Beschreibung der Testdurchführung	Richtwerte
M. pectoralis major	Der Klient nimmt in Rückenlage auf der Behandlungsliege Platz. Füße sind aufgestellt. Der Tester befindet sich stehend neben dem Klienten und fixiert den Rumpfbereich. Der Oberarm befindet sich in eine abduzierte und außenrotierte Position. Das Ellenbogengelenk in einer 90° Flexion. Gemessen wird die Stellung des Oberarms zur Horizontalen.	Stufe 0: Oberarm erreicht ohne Druck des Testers die Horizontale. Durch Druck des Testers kann der Oberarm unter die Horizontale gebracht werden. Stufe 1: Oberarm erreicht ohne Druck des Testers die Horizontale nicht. Durch Druck des Testers kann der Oberarm in die Horizontale gebracht werden. Stufe 2: Oberarm erreicht trotz Druck des Testers die Horizontale nicht.
M. iliopsoas	Der Klient nimmt in Rückenlage auf der Behandlungsliege Platz. Das Gesäß befindet sich am Ende der Liege. Ein Bein wird zur Brust gezogen und dort fixiert. Das freie Bein wird in eine maximale Extension des Hüftgelenks gebracht. Als Messorientierung gilt die Stellung des Oberschenkels zur Körperlängsachse.	Stufe 0: Oberschenkel erreicht ohne Druck des Testers die Horizontale. Durch Druck des Testers kann der Oberschenkel unter die Horizontale gebracht werden. Stufe 1: Hüftbeugestellung. Durch Druck des Testers kann der Oberschenkel in die Horizontale gebracht werden.

3

		Stufe 2: Oberschenkel erreicht trotz Druck des Testers die Horizontale nicht.

Tab. 3: Manuelle Beweglichkeitstestung nach Janda (2000, S. 255-271)

Getestete Muskulatur	Beschreibung der Testdurchführung	Richtwerte
M. rectus femoris	Der Klient nimmt in Rückenlage auf der Behandlungsliege Platz. Das Gesäß befindet sich am Ende der Liege. Ein Bein wird zur Brust gezogen und dort fixiert. Das freie Bein wird in eine maximale Extension des Hüftgelenks gebracht und durch den Tester fixiert. Dieses Bein wird in einen maximalen Kniebeugewinkel gebracht. Als Messorientierung gilt der Kniebeugewinkel.	Stufe 0: Unterschenkel erreicht senkrechte ohne Druck des Testers. Durch Druck des Testers kann die Kniebeuge vergrößert werden. Stufe 1: Unterschenkel erreicht ohne Druck des Testers die senkrechte nicht. Durch Druck des Testers kann eine 90° Kniebeuge erreicht werden. Stufe 2: Unterschenkel erreicht trotz Druck des Testers keinen 90° Kniebeugewinkel.
Mm. Ischiocruales	Der Klient nimmt in Rückenlage auf der Behandlungsliege Platz. Das nicht zu testende Bein ist angewinkelt. Das zu testende Bein wird in eine maximale Hüftflexion gebracht während das Kniegelenk gestreckt bleibt. Als Messorientierung gilt Hüftbeugewinkel.	Stufe 0: Die Hüftgelenkflexion ist im 90° Winkel möglich. Stufe 1: Die Hüftgelenkflexion ist bis zwischen 80-90° möglich. Stufe 2: Die Hüftgelenkflexion ist nur unter 80° möglich.
Mm. triceps surae	Der Klient nimmt in Rückenlage auf der Behandlungsliege Platz. Das nicht zu testende Bein ist angewinkelt. Das zu testende Bein ragt über die Liege hinaus. Der Tester nimmt das Fersenbein und zieht distalwärts. Die andere Hand geht zur	Stufe 0: Die Dorsalextension ist bis zu 90° zwischen dem Fuß und dem Unterschenkel möglich. Stufe 1: Die 90° werden nicht erreicht. Die Dorsalextension ist aber möglich. Stufe 2: die Dorsalextension ist nur bis 10° unterhalb der 90°

4

	Fußaußenkante und übt Druck zum Schienenbein bis zur maximalen Dorsalextension hin.	Stellung zwischen Fuß und Unterschenkel möglich.

In der nachfolgenden Tabelle werden die Ergebnisse der Beweglichkeitstestung dargestellt und anschließend bewertet.

Tab.4: Ergebnisse der Beweglichkeitstestung nach Janda (2000)

Muskelgruppe	Ergebnis	Richtwerte
M. pectoralis major	Rechts: 0 Links: 0	Stufe 0: Keine Beweglichkeitsdefizite Stufe 1: Leichte Beweglichkeitsdefizite Stufe 2: Deutliche Beweglichkeitsdefizite
M. iliopsoas	Rechts: 1 Links: 1	Stufe 0: Keine Beweglichkeitsdefizite Stufe 1: Leichte Beweglichkeitsdefizite Stufe 2: Deutliche Beweglichkeitsdefizite
M. rectus femoris	Rechts: 0 Links: 0	Stufe 0: Keine Beweglichkeitsdefizite Stufe 1: Leichte Beweglichkeitsdefizite Stufe 2: Deutliche Beweglichkeitsdefizite
Mm. ischiocruales	Rechts: 0 Links: 0	Stufe 0: Keine Beweglichkeitsdefizite Stufe 1: Leichte Beweglichkeitsdefizite Stufe 2: Deutliche Beweglichkeitsdefizite
Mm. triceps surae	Rechts: 0 Links: 0	Stufe 0: Keine Beweglichkeitsdefizite Stufe 1: Leichte Beweglichkeitsdefizite Stufe 2: Deutliche Beweglichkeitsdefizite

Nach der Durchführung des Beweglichkeitstest nach Janda (2000) lässt sich feststellen, dass der Klient rechts sowohl auch links leichte Beweglichkeitsdefizite in der Hüftbeugemuskulatur aufweist. Die leichten Beweglichkeitsdefizite im M. iliopsoas können auf eine sitzende Tätigkeit im Alltag und einer eingeschränkten Bewegungsamplitude zurückführen sein. Die Defizite lassen sich jedoch anhand von gezielten Übungen beheben. Vorausgesetzt der Klient integriert die Übungen in seinen Wochenplan. Die anderen Testungen der verschiedenen Muskelgruppen weisen keinerlei Beweglichkeitsdefizite auf. Sofern wird sich in dem Beweglichkeitstraining speziell auf den M. iliopsoas konzentriert. Des Weiteren ist gesondert auf nichts Weiteres zu achten.

2   Trainingsplanung Beweglichkeitstraining

2.1   Beweglichkeitsübungen

Im Folgenden wird auf den durchgeführten Beweglichkeitstest ein Beweglichkeitstraining abgestimmt. Das Dehnprogramm besteht aus zehn verschiedenen Dehnübungen mit unterschiedlichen Dehnformen und Arbeitsweisen.

Tab.5: Belastungsgefüge der Dehnübungen

Dehnübung	Dehnform	Belastungsgefüge
Oberschenkelrückseite	Dynamisch	2-3-mal pro Woche, 3-4 Durchgänge, 15 Wiederholungen pro Satz pro Bein, maximale Dehnintensität
Oberschenkelvorderseite	Statisch	2-3-mal pro Woche, 3-4 Durchgänge, 45 Sekunden pro Satz pro Bein, maximale Dehnintensität
Gesäßmuskulatur	Statisch	2-3-mal pro Woche, 3-4 Durchgänge, 45 Sekunden pro Satz pro Bein, maximale Dehnintensität
Rückenstrecker	Dynamisch	2-3-mal pro Woche, 3-4 Durchgänge, 15 Wiederholungen, maximale Dehnintensität
Brustmuskulatur	Statisch	2-3-pro Woche, 3-4 Durchgänge, 45 Sekunden pro Satz, maximale Dehnintensität
Hüftbeugemuskulatur	Dynamisch	2-3-mal pro Woche, 3-4 Durchgänge, 15 Wiederholungen pro Bein, maximale Dehnintensität
Schulterblattfixatoren	Statisch	2-3-pro Woche, 3-4 Durchgänge, 45 Sekunden pro Satz, maximale Dehnintensität
Hintere Schultermuskulatur	Statisch	2-3-pro Woche, 3-4 Durchgänge, 45 Sekunden pro Satz pro Arm, maximale Dehnintensität

Hüftbeugemuskulatur	Postisometrisch	2-3-pro Woche, 3-4 Durchgänge, 6-10 Sekunden Kontraktion, 2-3 Sekunden Entspannung, 10-20 Sekunden Dehnung
Seitliche Rumpfmuskulatur	Dynamisch	2-3-pro Woche, 3-4 Durchgänge, 15 Wiederholungen pro Seite, maximale Dehnintensität

2.1.1 Oberschenkelrückseite

Bei der passiv-dynamischen Übung zur Oberschenkelrückseite befindet sich der Klient in der Ausgangsstellung im Stand. Das Standbein ist leicht gebeugt, während das andere Bein in einer Knieextension nach vorne aufgesetzt wird. Die Fußsohle ist aufgestellt. Das Becken ist gekippt, der Oberkörper wird nach vorne geneigt und der Rumpfbereich stabilisiert, um eine Hyperlordose zu vermeiden. Um eine dynamische Dehnposition zu erhalten, wird das Becken aufgerichtet und wieder gekippt. Dies geschieht im Wechsel. Um das andere Bein in die Dehnposition zu bringen, wird die Position gelöst und es wird in die Ausgangsstellung zurückgegangen. Die Hauptmuskelgruppen, die bei dieser Übung beansprucht werden, ist der Bereich Mm. ischiocruale, bestehend aus M. biceps femoris, M. semimembranosus und M. semitendinosus. Freiwald (2004) empfiehlt bei dynamischen Dehnungen 15 Wiederholungen pro Satz pro Bein. Im Rahmen des Dehnprogramms wird die Trainingshäufigkeit auf 2-3 pro Woche begrenzt und die Satzzahl auf 3-4-mal, welches als Minimalprogramm gilt. Rancour, Holmes & Cipriani (2009) stellen jedoch sicher, dass ein Minimalprogramm bei Sportlern mit einer guten Beweglichkeit, die Beweglichkeit sichert. Dadurch ist ein Minimalprogramm durchaus ausreichend. Es empfiehlt die Übung von 15 Wiederholungen mit einer Trainingshäufigkeit von 2-3 pro Woche und einer Satzzahl von 3-4-mal. Zur Dehnintensität wird eine maximale Dehnintensität vorgegeben, da diese laut Marschall (1999) zu einem deutlich größeren Effekt zielen.

2.1.2 Oberschenkelvorderseite

Bei der Übung handelt es sich um eine passiv-statische Dehnübung. Die Ausgangsposition befindet sich im Stand. Das Standbein ist leicht gebeugt, während das andere Bein in eine maximale Knieflexion nach hinten zum Gesäß gezogen wird. Die Hand greift kurz über dem Sprunggelenk und zieht den Fuß Richtung Gesäß. Das gedehnte Bein zeigt vertikal zum Boden, während der freie Arm die Position

7

ausbalanciert. Die Übung wird bis zu 45 Sekunden gehalten, da eine längere Dehndauer keine deutlich besseren Effekte aufzeigt (Schönthaler & Ohlendorf, 2002). Bei dem beanspruchten Muskel handelt es sich um den M. quadriceps femoris. Hier wird ebenfalls die Satzzahl auf 3-4-mal beschränkt und eine Trainingshäufigkeit von 2-3-mal pro Woche vorgegeben. Die Dehnintensität wird maximal ausgeführt (Marschall, 1999).

2.1.3 Gesäßmuskulatur

Die Dehnübung ist eine passiv-statische Übung für die Gesäßmuskulatur. Die Ausgangsstellung ist in Rückenlage auf der Matte. Ein Bein ist auf der Matte aufgestellt, während das andere Bein in der Hüfte nach außen rotiert und auf dem angewinkelten Bein auf dem Oberschenkel abgelegt wird. Mit beiden Händen wird das angewinkelte Bein in maximaler Hüftflexion zur Brust gezogen, sodass eine Dehnung in der Gesäßmuskulatur verspürt wird. In der Dehnung sind die M. glutaeus maximus, M. glutaeus medius und M. glutaeus minimus beteiligt. Die Dehnposition wird bis zu 45 Sekunden gehalten (Schönthaler & Ohlendorf, 2002). Hier wird ebenfalls die Satzzahl auf 3-4-mal beschränkt und eine Trainingshäufigkeit von 2-3-mal pro Woche vorgegeben. Die Dehnintensität wird maximal ausgeführt (Marschall, 1999).

2.1.4 Rückenstrecker

Es handelt sich bei der Dehnposition um eine aktiv-dynamische Dehnübung, da die Bauchmuskulatur aktiv angespannt wird. Die Ausgangsstellung ist im Vierfüßler Stand auf der Matte. Durch anspannen der Bauchmuskulatur wird die Wirbelsäule nach oben gewölbt. Nach kurzem anspannen der Bauchmuskulatur wird die Position wieder gelöst du die Wirbelsäule gelangt zurück in die Ausgangsstellung. Dieser Vorgang wird wiederholt. Dadurch wird der Bereich Mm. erector spinae in seiner Dehnung beansprucht. Es wird eine Wiederholungszahl von 15 empfohlen (Freiwald, 2004) mit einer Trainingshäufigkeit von 2-3 pro Woche und einer Satzzahl von 3-4-mal. Die Dehnintensität wird maximal ausgeführt (Marschall, 1999).

2.1.5 Brustmuskulatur

Die Dehnung der Brustmuskulatur wird aktiv-statisch gewählt. Die Ausgangsstellung ist der Stand. Es werden beide Arme hinter den Körper verschränkt, sodass die Handflächen zueinander zeigen. Die Arme werden aktiv nach oben angehoben, während der Oberkörper stabil bleibt. Gedehnt wird der M. pectoralis major, M. biceps brachii und der

M. deltoideus pars clavicularis. Die Dehnposition wird bis zu 45 Sekunden gehalten. Hier wird ebenfalls die Satzzahl auf 3-4-mal beschränkt und eine Trainingshäufigkeit von 2-3-mal pro Woche vorgegeben. Die Dehnintensität wird maximal ausgeführt (Marschall, 1999).

2.1.6 Hüftbeugemuskulatur

Um die Hüftbeugemuskulatur zu dehnen wird eine passiv-dynamische Dehnmethode gewählt. Die Ausgangsstellung ist in der Kniestellung auf der Matte. Ein Bein wird nach vorne aufgestellt und die Hände aufgelegt. Das andere Bein wird nach hinten gestreckt. Der Unterschenkel des hinteren Beines liegt auf der Matte, während sich das andere Bein in maximaler Hüftextension befindet. Durch Verlagerung des Körperschwerpunktes nach vorne wird die Dehnung intensiviert. Die primär beteiligte Muskulatur ist der M. iliopsoas und der M. rectus femoris. Es wird eine Wiederholungszahl von 15 empfohlen (Freiwald, 2004) mit einer Trainingshäufigkeit von 2-3 pro Woche und einer Satzzahl von 3-4-mal. Die Dehnintensität wird maximal ausgeführt (Marschall, 1999).

2.1.7 Schulterblattfixatoren

Die Dehnung der Schulterblattfixatoren ist eine aktiv-statische Dehnmethode. Die Ausgangsstellung ist der Stand. Beide Arme werden in Schulterhöhe nach vorne gestreckt und die Handflächen greifen ineinander. Die Schulterblätter werden aktiv auseinander gezogen. Währenddessen bleiben die Schulterblätter tief und der Kopf geht leicht nach vorne. Die Position wird bis zu 45 Sekunden gehalten (Schönthaler & Ohlendorf, 2002). Es werden der M. trapezius und die Mm. rhomboidei beansprucht. Hier wird ebenfalls die Satzzahl auf 3-4-mal beschränkt und eine Trainingshäufigkeit von 2-3-mal pro Woche vorgegeben. Die Dehnintensität wird maximal ausgeführt (Marschall, 1999).

2.1.8 Hintere Schultermuskulatur

Die Dehnübung wird passiv-statisch ausgeführt. Die Ausgangstellung ist der Stand. Ein Arm wird in Schulterhöhe vor dem Körper angehoben, während der freie Arm den zu dehnenden Arm am Oberarm zum Körper ran gezogen wird. Es wird Druck auf den Arm ausgeübt, um die hintere Schultermuskulatur zu dehnen. Die Position wird bis zu 45 Sekunden gehalten (Schönthaler & Ohlendorf, 2002). Die Übung beansprucht den M. deltoideus pars spinata, M. trapezius pars transversa und die Mm. rhomboidei. Hier wird

9

ebenfalls die Satzzahl auf 3-4-mal beschränkt und eine Trainingshäufigkeit von 2-3-mal pro Woche vorgegeben. Die Dehnintensität wird maximal ausgeführt (Marschall, 1999).

2.1.9 Hüftbeugemuskulatur

Bei der Dehnübung handelt es sich um eine aktiv-passiv-postisometrische Dehnmethode. Die Ausgangsstellung befindet sich in Bauchlage auf der Matte. Die Knie befinden sich in einer maximalen Knieflexion, um eine maximale Hüftextension zu gewährleisten. Die Hände fixieren die Beine über dem Sprunggelenk und ziehen dieses zum Gesäß. Die Knie heben vom Boden ab, während die Hüftbeugemuskulatur diese zu Boden ziehen. Die primär beteiligte Muskulatur ist der M. iliopsoas und der M. rectus femoris. Die zu dehnende Muskulatur wird 6-10 Sekunden kontrahiert. Nach der Kontraktionsphase wird die Muskulatur für 2-3 Sekunden entspannt, um erneut verstärkt in die Dehnung zu gehen und diese 10-20 Sekunden statisch gehalten (Hohmann, Lames & Letzelter, 2002, S.100; Sölveborn, 1983, S.13). Der Wechsel wird ca. 60 Sekunden wiederholt. Die Dehnung wird maximal ausgeführt (Marschall, 1999) und es empfiehlt sich eine Trainingshäufigkeit von 2-3 pro Woche.

2.1.10 Seitliche Rumpfmuskulatur

Die Dehnübung für die seitliche Rumpfmuskulatur wird passiv-dynamisch ausgeführt. Die Ausgangsstellung ist in Rückenlage auf der Matte. Die Beine sind aufgestellt und die Arme im 90°Winkel auf der Matte abgelegt. Um die Dehnung zu erzeugen, kippen die Knie zur Seite und der gegenüberliegende Arm wird angehoben und Richtung Matte wieder gesenkt. Es ist darauf zu achten, dass der die Schulterpartie auf der Matte bleibt. Nach einer Wiederholungszahl von 15 wird die Seite gewechselt (Freiwald, 2004). Bei der beanspruchten Muskulatur handelt es sich um den M. obliquus externus abdominis und den M. obliquus internus abdominis. Vorgegeben wird eine Trainingshäufigkeit von 2-3 pro Woche und einer Satzzahl von 3-4-mal. Die Dehnintensität wird maximal ausgeführt (Marschall, 1999).

3 Trainingsplanung Koordinationstraining

Im Folgenden werden zehn unterschiedliche Koordinationsübungen, die systematisch aufeinander aufbauen, präsentiert. Es werden Kleingeräte und andere Hilfsmittel verwendet, um eine Progression des Schwierigkeitsstandards zu gewährleisten. Es ist darauf zu achten die Übungen von leichten zu schwierigen, von einfachen zu komplexen, von statischen zu dynamischen und von langsamen zu schnelleren Bewegungsabläufen zu steigen (Chwilkowski, 2006, S. 56-58). Um die Progression zu intensivieren kann auch von einem stabilen zu einem instabilen Untergrund gewechselt werden oder die Übung mit geschlossenen Augen durchgeführt werden. Wichtig für das Koordinationstraining ist ein ausgeruhter und entspannter Zustand am Anfang des Trainings. Das Koordinationstraining kann so oft wie möglich in der Woche ausgeführt werden, da der Klient als Trainingsmotiv eine Verbesserung der Koordination vorgeschrieben hat. Vorgegeben wird die Trainingshäufigkeit auf 3-4-mal die Woche. In der Regel sollte das Training nicht über eine Zeit von 45 Minuten hinausragen. Bei statischen Übungen sollte, je nach individueller sportlicher Verfassung, eine Haltedauer von 5-60 Sekunden angemessen sein. Zu Beginn des Koordinationstrainings wird eine Haltedauer von 30 Sekunden vorgeschrieben. Bei dynamischen Bewegungsabläufen sind 5-30 Wiederholungen angemessen. Im Rahmen des Programms wird hier eine Wiederholungszahl von 20 vorgeschrieben, da die Person in einer guten sportlichen Verfassung ist. Pro Übung kann man bis zu fünf Sätzen absolvieren. In dem Fall wird jede Übung mit zwei Sätzen absolviert, da die Übungen aufeinander aufbauen. Jedoch ist darauf zu achten, dass die Konzentration immer vollständig vorhanden ist und die Bewegungen adäquat ausgeführt werden. Sollte dies nicht zutreffen oder Schmerzen auftreten, sollte das Training abgebrochen werden (Chwilkowski, 2006, S. 60 ff; Häfelinger & Schuba, 2007, S. 61).

Da es sich bei dem Klienten um einen guten Sportler handelt, beginnt das Koordinationstraining erst leicht, wird jedoch stetig komplexer mit höheren Anforderungen. Da keine gesundheitlichen Risiken bekannt sind, kann das Training ohne Bedenken durchgeführt werden.

3.1 Koordinationsübungen

3.1.1   Einbeinstand

Der Klient nimmt auf einer ebenen Grundfläche den Einbeinstand ein. Das Standbein ist leicht gebeugt, während das andere Bein leicht nach vorne angehoben wird. Der Rumpfbereich wird stabilisiert. Um die Übung zu intensivieren wird der Kopf abwechselnd zur Seite gedreht. Der Rest des Körpers bleibt stabil.

11

3.1.2 Einbeinstand auf unebener Grundfläche

Der Klient begibt sich auf einer unebenen Grundfläche wieder in den Einbeinstand. Das Standbein bleibt leicht gebeugt. Das Spielbein wird nach vorne angehoben. Der Rumpfbereich bleibt stabil.

3.1.3 Einbeinstand mit geschlossenen Augen

Die unebene Grundfläche bleibt weiterhin bestehen. Der Klient begibt sich wieder in den Einbeinstand. Das Standbein bleibt leicht gebeugt und das Spielbein wird nach vorne angehoben. Um die Übung zu erschweren werden die Augen nun geschlossen.

3.1.4 Einbeinstand mit Arme schwingend

Der Klient bleibt im Einbeinstand auf einer ebenen Grundfläche. Das Standbein ist leicht gebeugt und das Spielbein nach vorne leicht angehoben. Der Rumpfbereich bleibt stabil. Um eine dynamische Bewegung in die Übung zu bringen, werden die Arme seitlich abwechselnd am Körper vorbei geschwungen.

3.1.5 Einbeinstand mit Arme schwingend auf unebener Grundfläche

Der Klient führt die Übung wie die da vorherige Übung aus. Der Einbeinstand wird auf unebener Grundfläche eingenommen. Das Standbein bleibt leicht gebeugt und das Spielbein ist nach vorne angehoben. Die Armen schwingend seitlich am Körper vorbei, während der Rumpfbereich stabil bleibt.

3.1.6 Einbeinstand mit Ball

Der Klient bleibt im Einbeinstand auf ebener Grundfläche und nimmt zwischen seine Hände einen Ball. Das Standbein ist leicht gebeugt und das Spielbein kurz vor dem Boden angehoben. Der Rumpfbereich bleibt stabil. In der Ausgangsposition befinden sich die Arme gestreckt über dem Kopf. Während das Knie nach vorne angehoben wird, wird der Ball, der sich zwischen den Händen befindet, zum Knie geführt. Es wird wieder in die Ausgangsstellung zurückgegangen, da es sich um eine dynamische Übung handelt.

3.1.7 Einbeinstand mit Ball auf unebener Grundfläche

Die Position des Einbeinstands wird wieder eingenommen. Die Grundfläche ist uneben. Die Übung wird identisch ausgeführt. Der Ball befindet sich zwischen den Händen und macht eine dynamische Bewegung zum Knie. Dabei wird das Knie angehoben und zur Ausgangsstellung zurückgeführt.

3.1.8 Einbeinstand Ziffernblatt auf unebener Grundfläche

Der Klient nimmt den Einbeinstand auf unebener Grundfläche ein. Der Klient stellt sich nun ein Ziffernblatt um sich herum vor und berührt mit seinem Fuß jede vorgesellte Ziffer auf dem Boden. Das Standbein bleibt leicht gebeugt. Es handelt sich lediglich um ein kurzes berühren des Bodens ohne das Gewicht auf das Spielbein zu verlagern.

3.1.9 Standwaage

Der Klient nimmt nun die Position der Standwaage ein. Das Standbein bleibt leicht gebeugt, während das Spielbein in 90° nach hinten in gestreckt wird. Der Oberkörper wird dabei nach vorne gelehnt, sodass der Körper in einer waagerechten liegt. Die Position wird statisch gehalten.

3.1.10 Standwaage mit Ball

Der Klient geht in den Einbeinstand. Der Ball wird zwischen den Händen über den Kopf gestreckt. Das Standbein bleibt leicht gebeugt und das Spielbein wird waagerecht nach hinten gestreckt. Gleichzeitig bleiben die Hände mit dem Ball über dem Kopf, während der Oberkörper in eine waagerechte Position gebracht wird. Nach Erreichung der waagerechten kehrt der Klient in die Ausgangsstellung zurück. Die Übung wird dynamisch ausgeführt.

4 Literaturrecherche

Im Folgenden werden zwei Studien zum Thema zu den Effekten des Dehnens im Hinblick auf eine Verbesserung der sportlichen Leistungsfähigkeit dargestellt.

Tab. 6: Effects of static stretching for 30 seconds and dynamic stretching on leg extension power (Yamaguchi, Taichi; Ishii, Kojiro)

Durchgeführt von	Yamaguchi, Taichi; Ishii, Kojiro
Jahr der Publikation	2005

13

Forschungsfrage	Gibt es Auswirkungen der statischen Dehnung für 30 Sekunden und der dynamischen Dehnung auf die Kraft der Beinstreckung?
Versuchspersonen	11 gesunde männliche Studenten (Alter, 22,8 ± 0,8), Größe 173,3 ± 1,1cm, Gewicht 65,9 ± 3,0 kg Alle Probanden waren verletzungsfrei. Keiner der Probanden führte Krafttraining oder ein Stretch Training durch.

Tab.7: Effects of static stretching for 30 seconds and dynamic stretching on leg extension power (Yamaguchi, Taichi; Ishii, Kojiro)

Versuchsaufbau	Vor dem Experiment wurden die Probanden gebeten das Labor zu besuchen um eine Messung der Kraft im Beinstrecker durchzuführen. Die Probanden sollten an verschiedenen Tagen statische Dehnungen, dynamische Dehnungen und Tage an dem nicht gedehnt wurde absolvieren. An den Tagen wurde die Kraft des Beinstreckers vor und nach jedem der Versuche gemessen. Bei der statischen Dehnung wurde die Position 30 Sekunden gehalten mit nachfolgend einer Ruhezeit von 20 Sekunden. Dieser Vorgang wird am anderen Bein wiederholt. Bei der dynamischen Dehnung kontrahierte der Antagonist des Probanden. Die Kontraktion wurde 2 Sekunden gehalten und zuerst 5-mal langsam und dann 10-mal schnell ausgeführt.
Ergebnis	Es zeigt bei jedem Probanden eine Veränderung der Kraft des Beinstreckers. Bei statischer Dehnung und bei nicht-Dehnung zeigten die Probanden, die vor der statischen- oder nicht-Dehnung eine größere Kraft des Beinstreckers hatten, eine größere Verringerung der Kraft. W = Beinstrecker Leistung Bei statischer Dehnung vorher 1884.8 +/- 107.3 W (28.8 +/- 1.6 W / kg), danach 1788.5 +/- 85.7 W (27.5 +/- 1.4 W / kg). Bei nicht-Dehnung vorher 1851.9 +/- 127.0 W (28.3 +/- 1.8 W / kg), danach 1784.8 +/- 108.4 W (27.4 +/- 1.7 W / kg).

	Jedoch erhöhte sich die Kraft des Beinstreckers nach dynamischer Dehnung bei allen Probanden 1837.6 +/- 130.8 W (28.0 +/- 1.9 W / kg) zu 2022.3 +/- 121.0 W (30.8 +/- 1.7 W / kg).

Tab. 8: Acute effects of dynamic stretching, static stretching, and light aerobic activity on muscular performance in women (Brad S. Curry, devendra Chenkalath, Gordon J. Crouch, Michelle Romance, Patricia J. Manns, 2009)

Durchgeführt von	Brad S. Curry, devendra Chenkalath, Gordon J. Crouch, Michelle Romance, Patricia J. Manns
Jahr der Publikation	2009
Forschungsfrage	Haben dynamische Dehnungen, statische Dehnungen und leichte aerobe Aktivitäten akute Auswirkungen auf die Muskelleistung bei Frauen?
Versuchspersonen	24 untrainierte aber gesunde Frauen (Alter, 26 ± 3), Gewicht 61,5 ± 8,1 kg, Größe 165,1 ± 8,8 cm Alle Probanden waren verletzungsfrei.
Versuchsaufbau	Alle Probanden wurden drei Testsitzungen unterzogen. Nach jeder Testsitzung wurde mit einem 5-minütiger Abschnitt mit leichten aeroben Training begonnen, wobei die Ausgangswerte vorher getestet wurden (ROM, CMJ und TPF). Nach weiteren 5 Minuten aerobes Training wurden zufällige Aufwärminterventionen gewählt (statisches Dehnen, dynamisches Dehnen oder leichte aerobe Aktivität), die 10 Minuten ausgeführt wurden.
Ergebnis	Es gab einen wesentlichen Zusammenhang der Zeit und der Aufwärmbedingungen für die Höhe des CMJ. Die Tests zeigten, dass nach 30 Minuten eine deutliche Abnahme der Leistung zu sehen war. Dynamisches Dehnen CMJ (cm) Vortest: 41,5 (6,5); 5 Minuten nach dem Test 42,3 (6,1); nach 30 Minuten 39,8 (6,1) Statisches Dehnen CMJ (cm) Vortest: 42,0 (6,7); 5 Minuten nach dem Test 40,8 (6,4); nach 30 Minuten 39,8 (6,5)

	Leicht aerobe Aktivität CMJ (cm) Vortest: 42,2 (6,5); 5 Minuten nach dem Test 40,9 (7,6); 30 Minuten nach dem Test 40,5 (5,9)

5 Literaturverzeichnis

Brad S. Curry, devendra Chenkalath, Gordon J. Crouch, Michelle Romance, Patricia J. Manns. (2009). *Acute effects of dynamic stretching, static stretching, and light aerobic activity on muscular performance in women,* Department of Physical Therapy, University of Alberta, Edmonton, Alberta, Canada

Chwilkowski, C. (2006). Medizinisches Koordinationstraining – *Verbesserung der Haltungs- und Bewegungskoordination durch Propriozeption* (2. Aufl.). Köln: Deutscher Trainer Verlag

Freiwald, J. (2004). *Dehnen – Legenden, Fakten.* Vortrag, Waldenburg

Häfelinger, U. & Schuba, V. (2007). *Koordinationstherapie - propriozeptives Training* (Wo Sport Spaß macht, 3., überarb. Aufl). Aachen: Meyer & Meyer

Hohmann, A., Lames, M. & Letzelter, M. (2002). *Einführung in die Trainingswissenschaft* (Limpert Sportwissenschaft, 2. Aufl). Wiebelsheim: Limpert.

Marschall, F. (1999). *Wie beeinflussen unterschiedliche Dehnintensitäten kurzfristig die Veränderung der Bewegungsreichweite?* Deutsche Zeitschrift für Sportmedizin, 50 (1), 5–9.

Janda, V. (2000). *Manuelle Muskelfunktionsdiagnostik* (4. Aufl.). München: Urban & Fischer

Rancour, J., Holmes, C. F. & Cipriani, D. J. (2009). *The effects of intermittent stretching following a 4-week static stretching protocol: a randomized trial.* Journal of strength and conditioning research / National Strength & Conditioning Association, 23 (8), 2217–2222

Schönthaler, S. R. & Ohlendorf, K. (2002). *Biomechanische und neurophysiologische Veränderungen nach ein- und mehrfach seriellem passiv-statischem Beweglichkeits-*

training (Wissenschaftliche Berichte und Materialien / Bundesinstitut für Sportwissenschaft, 1. Aufl.). Köln: Sport und Buch Strauß.

Yamaguchi, Taichi, Ishii, Kojiro (2005). *Effects of static stretching for 30 seconds and dynamic stretching on leg extension power.* Hokkaido University

6 Tabellenverzeichnis

BEI GRIN MACHT SICH IHR WISSEN BEZAHLT

- Wir veröffentlichen Ihre Hausarbeit,
  Bachelor- und Masterarbeit

- Ihr eigenes eBook und Buch -
  weltweit in allen wichtigen Shops

- Verdienen Sie an jedem Verkauf

Jetzt bei www.GRIN.com hochladen
und kostenlos publizieren